Newsletters éco-responsables.
Guide pratique pour des campagnes durables.

NEWSLETTERS
ÉCO-RESPONSABLES

Guide pratique pour des campagnes durables

Grégory Clément

Édition : BoD · Books on Demand GmbH,
In de Tarpen 42, 22848 Norderstedt (Allemagne)
Impression : Libri Plureos GmbH,
Friedensallee 273, 22763 Hamburg (Allemagne)

ISBN : 978-2-3225-5399-0
Dépôt légal : Décembre 2024

CONTEXTE

Dans le vaste monde de la communication digitale : pourquoi les newsletters éco-responsables importent

Dans l'univers de la communication digitale, les newsletters jouent un rôle clé. Elles permettent de maintenir un lien direct avec les audiences, de diffuser des informations, des offres ou des inspirations, touchant des millions de boîtes mail chaque jour. Cependant, à l'ère des préoccupations climatiques, chaque aspect de notre activité numérique doit être réexaminé, et les newsletters n'y échappent pas.

Au-delà de leur efficacité marketing, les newsletters ont une empreinte environnementale bien réelle. Leur transmission, stockage et lecture mobilisent une infrastructure numérique complexe composée de serveurs, réseaux et centres de données, tous énergivores. Cet impact, bien que souvent invisible, contribue aux émissions de gaz à effet de serre et à l'épuisement des ressources naturelles.

Dans ce contexte, l'éco-responsabilité des newsletters ne se limite pas à réduire leur poids ou leur fréquence. Elle invite à une approche globale : optimiser chaque étape — de la conception à l'analyse des performances — pour maximiser leur pertinence tout en minimisant leur impact écologique. Cela passe par l'utilisation d'outils, de méthodes et de stratégies respectueuses de l'environnement.

Le défi n'est pas uniquement environnemental : il est aussi stratégique. Dans un monde saturé d'informations, une communication ciblée et allégée améliore non seulement l'efficacité des campagnes, mais répond également aux attentes croissantes des consommateurs, en quête de pratiques numériques alignées sur leurs valeurs.

Ce livre pose donc une question essentielle : comment concevoir des campagnes e-mailing qui respectent autant l'utilisateur que la planète ?

Un guide pour une communication durable

Ce guide s'adresse aux professionnels du marketing, aux freelances, aux petites entreprises et à toute personne souhaitant adopter des pratiques plus responsables dans leurs newsletters. Il propose des stratégies concrètes, des outils pratiques et des exemples inspirants pour conjuguer performance et durabilité.

Chaque geste compte.

À PROPOS

Né en 1971, Grégory Clément est entrepreneur, auteur et conférencier dans le monde de la communication digitale depuis plus de vingt ans. Après avoir œuvré pour de grands comptes dans le secteur automobile, le *retail* et l'e-commerce, l'aspect durable et éco-responsable de son métier le touche de plus en plus. Il aspire désormais à transmettre ses connaissances et l'expérience qu'il a acquise durant ces années.

LES BASES DU DÉVELOPPEMENT DURABLE

Le développement durable est une approche holistique qui vise à équilibrer les dimensions environnementales, sociales et économiques d'une activité. Dans le contexte du web, ces principes fondamentaux prennent une importance particulière. Ce chapitre explore les bases du développement durable, en mettant l'accent sur leur application à l'utilisation et la conception des newsletters et en examinant l'impact environnemental du secteur numérique.

LES PRINCIPES FONDAMENTAUX DU DÉVELOPPEMENT DURABLE APPLIQUÉS AUX NEWSLETTERS

Pourquoi intégrer le développement durable dans vos campagnes de newsletters ?

Le développement durable ne se limite plus à l'industrie manufacturière ou aux infrastructures physiques. Dans le monde numérique, chaque action en ligne — de l'envoi d'un e-mail à la diffusion de newsletters — consomme des ressources. Si elles sont invisibles pour beaucoup, ces ressources ont un impact environnemental bien réel, allant de l'énergie nécessaire pour alimenter les serveurs à l'empreinte carbone associée au stockage et à la transmission des données.

Appliquer les principes du développement durable aux newsletters, c'est allier une communication efficace à une démarche responsable. Cela implique de réfléchir à chaque étape de vos campagnes : depuis la collecte des données des abonnés jusqu'à l'optimisation des visuels et la fréquence des envois. C'est un engagement qui, loin de nuire aux performances, renforce la pertinence et l'impact de vos campagnes tout en valorisant votre image.

COMPRENDRE L'IMPACT ENVIRONNEMENTAL DES NEWSLETTERS

Le fonctionnement technique des newsletters

Quand vous cliquez sur "envoyer" pour une campagne de newsletters, que se passe-t-il réellement ? Chaque courriel est transformé en un ensemble de données numériques qui transitent via des serveurs, passent par des réseaux (Wi-Fi, fibre optique) et finissent stockées dans des centres de données. Ce processus semble invisible, mais il consomme une quantité significative d'énergie.

Quelques points clés :

- Les **centres de données** hébergent les outils d'envoi et de réception. Ces centres fonctionnent 24/7 et nécessitent une alimentation électrique constante.
- Les **réseaux internet** transfèrent les courriels. Plus le courriel est volumineux (images, vidéos), plus les ressources nécessaires pour le transmettre augmentent.
- Les **boîtes mail** des destinataires stockent chaque message, parfois indéfiniment.

L'impact énergétique des serveurs et du stockage

Les serveurs et centres de données consomment non seulement de l'énergie pour fonctionner, mais aussi pour être refroidis. Un simple courriel, surtout lorsqu'il est ouvert par des milliers ou millions de personnes, engendre :

- Une consommation accrue d'électricité pour les centres de données.
- Une pollution numérique liée aux infrastructures nécessaires à la transmission.

Une estimation commune est qu'un courriel classique génère environ 4g de CO_2, et une newsletter riche en contenu multimédia peut atteindre 15g de CO_2 ou plus.

Les principaux indicateurs à surveiller

Pour évaluer l'impact de vos campagnes, voici les indicateurs à surveiller :

- Le **poids moyen de vos courriels** : Plus il est léger, moins il consomme.
- Le **taux d'ouverture** : Des courriels non ouverts sont un gaspillage de ressources.
- Le **taux d'engagement** : Plus votre contenu est pertinent, moins vous aurez besoin d'envoyer de relances.

Prenons l'exemple d'une entreprise qui envoie 50.000 newsletters chaque mois :

- Si chaque e-mail pèse en moyenne 15g de CO_2, cela représente 750 kg de CO_2 par campagne, soit l'équivalent d'un vol Paris-Londres.
- Réduire la taille des fichiers, optimiser la segmentation et ajuster la fréquence peut réduire cet impact de 30 à 50 %.

LES TROIS PILIERS DU DÉVELOPPEMENT DURABLE APPLIQUÉS AUX NEWSLETTERS

Le développement durable repose sur trois piliers : **économique**, **social** et **environnemental**. Voici comment ces concepts se traduisent dans le cadre des campagnes de newsletters :

Le pilier économique
Garantir la rentabilité et l'efficacité

Dans le contexte des newsletters, ce pilier concerne la rentabilité des campagnes en termes de retour sur investissement (ROI) et d'efficacité. Chaque e-mail envoyé doit avoir une utilité claire, sinon il devient une dépense inutile en ressources.

Actions concrètes pour appliquer ce principe :

- **Cibler précisément votre audience** : Une campagne bien segmentée réduit le nombre d'e-mails envoyés tout en augmentant le taux d'ouverture et de clics. Par exemple, un magasin d'équipement sportif pourrait segmenter ses abonnés selon leurs sports préférés (running, yoga, musculation) pour leur envoyer des contenus spécifiques.

- **Éviter les campagnes massives inutiles** : Réduisez les envois génériques et optez pour des campagnes spécifiques, basées sur des comportements réels (achats récents, interactions).

- **Optimiser les taux de conversion** : En créant des objets d'e-mails engageants et en proposant un appel à l'action (CTA) clair, vous maximisez les résultats sans multiplier les e-mails.

Exemple d'impact positif : Une entreprise de e-commerce a réduit ses envois mensuels de 20 % en affinant ses segments d'audience. Résultat : un coût de campagne réduit et un taux de clics amélioré de 30 %.

Le pilier social
Respecter les droits et attentes des utilisateurs

Le pilier social fait référence à l'équité, à la transparence, et à la protection des droits des abonnés. Une bonne campagne de newsletters ne se limite pas à délivrer un message : elle doit également respecter la vie privée et offrir une expérience positive aux destinataires.

Points clés à mettre en œuvre :

- **Respecter la vie privée des abonnés** : En conformité avec le RGPD, obtenez un consentement clair pour chaque e-mail envoyé et limitez la collecte de données aux informations strictement nécessaires.

- **Favoriser l'inclusivité** : Assurez-vous que vos newsletters soient accessibles à tous, y compris aux personnes en situation de handicap, en utilisant des contrastes adaptés et des balises ALT pour les images.

- **Offrir une personnalisation pertinente** : Personnalisez vos e-mails en fonction des préférences des abonnés. Par exemple, adressez-vous aux abonnés par leur prénom et proposez-leur des contenus adaptés à leurs centres d'intérêt.

Exemple d'impact positif : Une ONG de protection de l'environnement a augmenté son taux d'engagement en personnalisant ses e-mails selon les préférences des abonnés (biodiversité, climat, océans). Les destinataires ont exprimé leur satisfaction face à cette approche ciblée.

Le pilier environnemental
Réduire l'empreinte carbone des campagnes

Chaque newsletter envoyée mobilise des serveurs, des réseaux, et des appareils pour être lue, entraînant une consommation d'énergie. Le pilier environnemental vise à minimiser cet impact en réduisant le poids des fichiers et en limitant les envois.

Pratiques éco-responsables à adopter :

- **Alléger le contenu** : Réduisez le nombre d'images et compressez les fichiers pour limiter la bande passante nécessaire.

- **Choisir des plateformes éco-responsables** : Optez pour des outils utilisant des serveurs alimentés par des énergies renouvelables.

- **Limiter la fréquence des envois** : Envoyez moins souvent, mais avec plus de pertinence, pour réduire les émissions générées par vos campagnes.

Exemple d'impact positif : Une start-up technologique a remplacé ses newsletters hebdomadaires par des e-mails mensuels mieux ciblés, économisant l'équivalent de 500 kg de CO_2 par an.

Pourquoi ces piliers sont complémentaires

Les piliers économique, social, et environnemental ne s'opposent pas : ils se renforcent mutuellement. Une campagne rentable, qui respecte les abonnés et réduit son impact écologique, est plus efficace à long terme. Cela permet de créer une relation de confiance avec votre audience tout en s'inscrivant dans une démarche durable.

Appliquer les trois piliers du développement durable à vos campagnes de newsletters, c'est :

- Garantir leur rentabilité en ciblant mieux et en maximisant l'engagement.

- Respecter les droits, les attentes, et les besoins de vos abonnés pour des campagnes éthiques et inclusives.

- Réduire leur impact environnemental en allégeant le contenu, en limitant les envois, et en utilisant des outils durables.

Ces principes ne sont pas des contraintes, mais des opportunités pour transformer vos newsletters en un outil de communication performant, responsable, et en phase avec les enjeux actuels.

RGPD ET RESPECT DE LA VIE PRIVEE DANS LES NEWSLETTERS

Le respect de la vie privée est une priorité majeure dans un monde numérique où la collecte et l'utilisation des données personnelles sont omniprésentes. Pour les campagnes de newsletters, cette responsabilité est encore plus prononcée : chaque e-mail envoyé repose sur des informations sensibles, comme les adresses e-mail, les préférences des abonnés ou leur historique d'interaction.

Le Règlement Général sur la Protection des Données (RGPD), entré en vigueur en 2018, a marqué une transformation profonde de la manière dont les entreprises gèrent ces données. Mais respecter le RGPD ne se résume pas à une obligation légale : c'est une opportunité de bâtir une relation de confiance avec votre audience. Une gestion rigoureuse et transparente des données renforce l'engagement des abonnés et s'inscrit dans une démarche éthique qui complète parfaitement les principes d'éco-responsabilité.

COMPRENDRE LE RGPD ET SON IMPACT SUR LES NEWSLETTERS

Le RGPD repose sur plusieurs principes fondamentaux qui visent à protéger les droits des individus tout en responsabilisant les organisations. Dans le cadre des newsletters, cela signifie que chaque action — de la collecte des données à l'envoi des e-mails — doit être conforme à ces règles.

L'essence du RGPD peut être résumée en trois axes :

1. **Consentement explicite** : Les abonnés doivent donner leur accord de manière claire avant de recevoir une newsletter. Exit les cases pré-cochées ou les inscriptions automatiques.

2. **Transparence et contrôle** : Les utilisateurs doivent comprendre comment leurs données seront utilisées et avoir la possibilité de les modifier ou de les supprimer à tout moment.

3. **Minimisation des données** : Ne collectez que les informations nécessaires. Un e-mail suffit souvent, inutile de demander des données superflues.

Ces principes permettent de créer une expérience utilisateur respectueuse, tout en alignant vos campagnes sur une démarche responsable.

COLLECTER ET GÉRER LES DONNÉES DE MANIÈRE RESPONSABLE

La collecte de données personnelles commence souvent par un formulaire d'inscription à votre newsletter. Un formulaire bien conçu est la pierre angulaire d'une campagne conforme au RGPD.

Bonnes pratiques pour les formulaires d'inscription :

- **Simplicité et pertinence :** Demandez uniquement les informations nécessaires, comme l'adresse e-mail. Si des données supplémentaires sont requises (prénom, centres d'intérêt), expliquez clairement pourquoi elles sont demandées.

- **Double opt-in :** Une fois inscrit, l'abonné reçoit un e-mail pour confirmer son inscription. Cela réduit les inscriptions frauduleuses et garantit que seuls les utilisateurs réellement intéressés reçoivent vos e-mails.

- **Politique de confidentialité :** Affichez un lien clair vers une politique de confidentialité qui détaille comment les données seront utilisées, stockées et protégées.

Exemple pratique : incluez dans votre formulaire d'inscription la phrase suivante : *"En vous inscrivant, vous acceptez que les données saisies dans ce formulaire soient utilisées pour vous permettre de recevoir nos newsletters mensuelles.*

Consultez notre politique de confidentialité pour en savoir plus."

Le terme politique de confidentialité sera, bien sûr, cliquable vers le document ou la page idoine et l'ensemble de la phrase sera précédée par une case à cocher non sélectionnée par défaut et obligatoire.

Résultat : une transparence accrue et une base d'abonnés plus qualifiée.

LE CONSENTEMENT ET LA GESTION DES PRÉFÉRENCES

L'un des piliers du RGPD est le consentement explicite. Contrairement aux pratiques passées, il ne suffit plus de collecter des adresses e-mail. Vous devez également être en mesure de prouver que chaque abonné a donné son accord.

Respecter le droit des abonnés :

- Les abonnés doivent pouvoir consulter, modifier ou supprimer leurs données à tout moment.

- Chaque newsletter doit contenir un lien de désabonnement en un clic, clair et fonctionnel. Un processus simple renforce la confiance des utilisateurs.

Étude de cas : Une entreprise de fitness, confrontée à un taux de désabonnement élevé, a simplifié son processus en ajoutant deux liens clairs : "*Gérez vos préférences* ou *désabonnez-vous*." En conséquence, moins de désabonnements "par frustration" et une meilleure perception de la marque.

LIMITER LES TRACKERS ET GARANTIR LA VIE PRIVÉE

Les outils de suivi des newsletters, comme les pixels de suivi des ouvertures ou les trackers de clics, soulèvent des questions de confidentialité. Si ces données sont utiles pour évaluer les performances, leur utilisation doit être transparente.

Adopter une approche respectueuse :

- **Limiter les trackers inutiles :** Concentrez-vous sur les indicateurs essentiels (ouvertures, clics principaux) et évitez les suivis invasifs, comme la géolocalisation.

- **Informer vos abonnés :** Incluez une mention dans votre politique de confidentialité expliquant les types de suivi utilisés.

- **Optez pour des outils respectueux de la vie privée :** Certaines plateformes, comme *EcoSend*[1] ou *Brevo*[2], offrent des solutions de suivi minimales conformes au RGPD.

---

[1] https://ecosend.io/
[2] https://www.brevo.com/fr/

CONSTRUIRE UNE BASE DE DONNÉES SAINE ET RESPONSABLE

Le RGPD exige que vous mainteniez une base de données "propre", c'est-à-dire exempte d'adresses obsolètes ou inactives. Cela ne réduit pas seulement les risques liés à la vie privée, mais améliore aussi l'impact écologique de vos campagnes en limitant les envois inutiles.

Nettoyer et entretenir votre base :

- **Supprimez les abonnés inactifs :** Si un utilisateur ne clique sur aucun e-mail pendant 6 mois, envoyez une relance pour confirmer son intérêt. S'il reste inactif, supprimez-le.

- **Encouragez les mises à jour des préférences :** Permettez aux abonnés de choisir la fréquence et le type de contenu qu'ils reçoivent.

Étude de cas : Une entreprise technologique a réduit sa base d'abonnés de 20 %, en supprimant les adresses inactives. Résultat : une amélioration de 15 % du taux d'ouverture et une réduction de l'empreinte carbone de ses campagnes.

ALLIER RGPD ET ÉCO-RESPONSABILITÉ

Le RGPD et l'éco-responsabilité vont souvent de pair. Limiter les données collectées, réduire les envois inutiles et optimiser les campagnes contribue non seulement à protéger la vie privée des abonnés, mais aussi à minimiser les impacts environnementaux.

L'avantage pour votre image de marque :

- Une gestion responsable des données renforce la confiance de vos abonnés.

- En communiquant sur vos pratiques éthiques et durables, vous différenciez votre entreprise dans un contexte où la transparence est de plus en plus valorisée.

CONCLUSION

Respecter le RGPD dans vos campagnes de newsletters est bien plus qu'une obligation légale. C'est une démarche éthique et stratégique qui renforce la relation avec vos abonnés et s'intègre parfaitement dans une approche éco-responsable. En associant transparence, protection des données et réduction de l'impact environnemental, vous posez les bases d'une communication numérique durable, performante et respectueuse.

CONCEVOIR UNE NEWSLETTER ÉCO-RESPONSABLE

Créer une newsletter éco-responsable, c'est bien plus qu'une simple opération technique ou marketing. Chaque étape de sa conception — de la planification à l'envoi — a un impact, non seulement sur votre audience, mais aussi sur l'environnement. Les newsletters, bien que numériques, consomment des ressources : stockage des données, transmission via les réseaux, et affichage sur les appareils des utilisateurs.

Adopter une démarche éco-responsable ne signifie pas sacrifier l'efficacité ou l'esthétique de vos campagnes. Au contraire, cela peut les renforcer. Une newsletter bien conçue est souvent plus claire, plus pertinente et plus engageante pour les destinataires. Ce chapitre vous guide à travers les étapes essentielles pour concevoir des newsletters qui allient impact minimal et performance maximale.

PLANIFICATION ET STRUCTURATION

Poser les bases

Avant même de commencer à rédiger ou concevoir, il est crucial de réfléchir à l'objectif et au contenu de la newsletter. Une planification claire limite les erreurs et les révisions, réduisant ainsi l'utilisation inutile de ressources numériques.

Questions clés à se poser :

- Quel est l'objectif principal ?
  Informer, vendre, fidéliser, partager une actualité ?

- Quelle est la cible ?
  Qui recevra ce message, et pourquoi ?

- Quels contenus sont vraiment nécessaires ?
  Limiter les informations à l'essentiel pour éviter de surcharger le lecteur.

Astuce pratique :

Dessinez un *wireframe* (schéma simple) de votre newsletter avant de la créer. Cela permet d'identifier les sections prioritaires et d'éviter d'ajouter des éléments inutiles à la dernière minute. Pour cela, vous pouvez utiliser un outil existant en ligne mais la plupart du temps, un papier et un crayon feront parfaitement l'affaire.

ÉCRITURE ET STRUCTURE DU CONTENU

Écrire un contenu clair et percutant

Une rédaction concise permet non seulement de capter plus rapidement l'attention des lecteurs, mais aussi de réduire le volume total de texte nécessaire, et donc le poids de la newsletter. Imaginons une newsletter d'un club de fitness annonçant un nouvel événement. Plutôt qu'un long paragraphe détaillant le programme, quelques phrases clés suffisent pour donner les informations essentielles : "Rejoignez-nous ce samedi pour une session spéciale yoga au parc. Inscrivez-vous dès maintenant." Ce type de contenu direct réduit la surcharge d'information et maximise l'efficacité.

La hiérarchisation du contenu joue également un rôle clé. L'utilisation de titres clairs, comme "Nos offres du moment", ou "Les événements à venir", aide le lecteur à repérer rapidement les sections qui l'intéressent. Une structure logique avec des paragraphes courts et espacés rend la lecture fluide et agréable.

Un appel à l'action (CTA pour *Call To Action*) doit être explicite et bien placé. Par exemple, une campagne d'une association caritative pourrait inclure un bouton clair en début et en fin de message : "Faites un don pour soutenir notre cause". En limitant le nombre de CTA, on évite de disperser l'attention et de surcharger visuellement la newsletter.

Conseils pratiques :

- Évitez les longs blocs de texte : Structurez vos paragraphes pour une lecture rapide, avec des titres et sous-titres.

- Adoptez une hiérarchie visuelle : Mettez les informations clés en haut ("au-dessus de la ligne de flottaison").

- Soignez les objets et pré-header : L'objet de l'e-mail est la première chose que votre destinataire verra. Par exemple : *"Découvrez comment nous avons réduit notre impact carbone de 30%."*

Exemple d'optimisation :

- Avant : "Découvrez nos produits pour l'été. Profitez de nos promotions limitées."

- Après : "Produits d'été : 20% de réduction jusqu'à dimanche."

Appel à l'action (CTA) :

Un seul appel à l'action principal par e-mail est souvent plus efficace. Placez-le bien en évidence, par exemple sous forme d'un bouton contrasté.

DESIGN ET ERGONOMIE

Simplifier le design pour un impact minimal

Le design est un des principaux facteurs de la lourdeur d'une newsletter. Un design simple et élégant n'est pas seulement plus écologique, il est aussi plus efficace.

Choix de la mise en page :

Un design épuré favorise une meilleure lisibilité tout en allégeant considérablement le poids du courriel. Par exemple, une entreprise de e-commerce peut opter pour une mise en page minimaliste avec une seule image de produit optimisée, accompagnée d'un texte clair et d'un appel à l'action. Ce choix non seulement réduit l'impact environnemental, mais améliore également le taux d'ouverture et de clics.

- Mise en page en une colonne : Elle réduit le code nécessaire et garantit une compatibilité optimale avec les messageries.

- Priorité au texte : Si possible, optez pour un design textuel enrichi, avec des visuels uniquement lorsque cela ajoute une réelle valeur.

Polices et couleurs :

- Utilisez des polices standards (Arial, Verdana) qui n'ont pas besoin d'être téléchargées par le client de messagerie.

- Limitez le nombre de couleurs (idéalement 2 ou 3) et préférez des arrière-plans unis.

Optimisation des visuels :

Optimiser les images est une priorité. Une bannière initialement en PNG de 2 Mo peut être remplacée par une version compressée au format WebP, réduisant le fichier à moins de 200 Ko. En parallèle, utiliser des illustrations simples, voire des arrière-plans monochromes, limite encore davantage la consommation de ressources.

- Réduisez la taille des images (compressées à moins de 100Ko).

- Évitez les GIFs animés, sauf si leur impact est essentiel, et optimisez-les au maximum. Les animations comme les GIFs ou vidéos, bien qu'attrayantes, sont souvent lourdes. Si elles ne sont pas indispensables, il est préférable de les remplacer par une image statique ou une infographie engageante.

- Utilisez des outils comme *Squoosh*[3] pour optimiser les formats WebP ou JPEG.

---

[3] https://squoosh.app/

CODE HTML OPTIMISÉ

Le code HTML d'une newsletter est souvent alourdi par des styles inutiles ou des trackers multiples. Par exemple, une agence immobilière pourrait envoyer une newsletter contenant un tableau complexe et plusieurs scripts tiers pour suivre le comportement des lecteurs. En simplifiant la structure du tableau et en limitant les scripts au suivi du taux d'ouverture et des clics principaux, on réduit considérablement le poids du fichier.

De plus, tester la compatibilité et le poids d'une newsletter est indispensable. Un outil comme *Litmus*[4] permet de vérifier comment la newsletter s'affiche sur différents appareils et messageries. Prenons le cas d'un courriel mal optimisé contenant des balises non prises en charge par Outlook : le courriel risque d'être mal rendu, ce qui peut nuire à la fois à l'expérience utilisateur et à la performance marketing.

Enfin, la taille totale de la newsletter doit rester en dessous de 100 Ko. Par exemple, une newsletter optimisée pour un événement local peut inclure une image principale (50 Ko), un texte clair et concis, et un lien de redirection vers le site complet, le tout pour un poids total de 75 Ko.

---

[4] https://www.litmus.com/

Bonnes pratiques de codage :

- Limitez les styles *inline* et privilégiez des styles regroupés pour éviter la surcharge.

- Utilisez des tableaux pour structurer le contenu (compatibilité maximale avec les messageries anciennes).

- Testez systématiquement la compatibilité sur différents appareils et clients (Outlook, Gmail, Apple Mail, etc.).

Astuce : Préférez des solutions no-code légères, comme un éditeur optimisé (*MailerLite*[5], *Stripo*[6]), ou configurez vos propres gabarits légers si vous avez les compétences.

---

[5] https://www.mailerlite.com/
[6] https://stripo.email/fr/

TEST ET VALIDATION

Une newsletter bien conçue passe par une phase de test rigoureuse. Chaque erreur ou correction après l'envoi peut mobiliser des ressources inutiles.

Checklist de test :

- Vérifiez que le poids total de l'e-mail (texte + visuels + trackers) est inférieur à 100 Ko.

- Testez l'affichage sur mobile et desktop. Environ 60% des utilisateurs ouvrent leurs e-mails sur mobile.

- Tous les liens et CTA fonctionnent comme prévu.

- Vérifiez la rapidité de chargement et l'accessibilité sur des outils comme *Litmus*[7] ou *Email on Acid*[8].

---

[7] https://www.litmus.com/
[8] https://www.emailonacid.com/

ACCESSIBILITÉ ET INCLUSIVITÉ

Une newsletter bien conçue doit être accessible à tous, y compris aux personnes ayant des besoins spécifiques.

Bonnes pratiques d'accessibilité :

- Ajoutez des balises ALT claires et descriptives pour toutes les images. Pensez, par exemple, au logiciel de lecture d'e-mail qui n'affichent pas les images par défaut.

- Assurez un contraste suffisant entre le texte et l'arrière-plan (outil : *WebAIM Contrast Checker*[9]), même si vous utilisez du texte dans vos images.

- Testez votre e-mail avec un lecteur d'écran pour vous assurer qu'il est lisible.

Exemple : Un e-mail avec des textes sur des arrière-plans colorés est repensé avec un fond uni et des caractères de taille minimale 14 px.

---

[9] https://webaim.org/resources/contrastchecker/

EXEMPLE D'UNE NEWSLETTER OPTIMISÉE

Avant optimisation :

- Un design en plusieurs colonnes, avec des images haute résolution (poids total : 1,2 Mo).

- Des appels à l'action multiples, dispersés dans le texte.

- Une palette de couleurs complexe et des polices personnalisées.

Après optimisation :

- Design épuré en une colonne avec des images compressées (poids total : 75 Ko).

- Un appel à l'action clair et visible : *"Téléchargez notre guide complet."*

- Palette simple et polices standards, garantissant une compatibilité maximale.

CONCLUSION

Concevoir une newsletter éco-responsable demande une attention particulière à chaque détail : du contenu au design, en passant par le code et les tests. Mais cette démarche ne se limite pas à réduire l'empreinte écologique. Elle améliore également l'expérience utilisateur, renforce l'engagement des abonnés, et positionne votre marque comme un acteur responsable dans le monde numérique.

DELIVRABILITE ET CONFORMITE TECHNIQUE

Gérer le spam et respecter les règles des fournisseurs de messagerie

Dans l'univers des newsletters, la délivrabilité est une préoccupation majeure. Vos efforts pour concevoir une campagne éco-responsable et engageante peuvent être réduits à néant si vos e-mails finissent dans les spams ou, pire encore, s'ils ne parviennent jamais à vos destinataires. Gmail, Yahoo et d'autres fournisseurs imposent des règles strictes pour garantir une expérience utilisateur optimale et lutter contre les abus. Ces règles, bien que parfois perçues comme contraignantes, sont alignées sur des bonnes pratiques déjà largement adoptées par les professionnels consciencieux.

LES RÈGLES ESSENTIELLES POUR TOUS LES EXPÉDITEURS

Pour garantir une meilleure délivrabilité et éviter que vos e-mails soient rejetés ou classés comme indésirables, il est impératif de respecter certaines normes techniques :

1. **Authentification DKIM :** Configurez l'authentification DKIM (*DomainKeys Identified Mail*) pour votre domaine. Cela garantit que vos e-mails ne sont pas modifiés en transit et qu'ils proviennent bien de l'expéditeur déclaré.

2. **Authentification SPF :** Si vous utilisez une adresse IP dédiée, configurez le SPF (*Sender Policy Framework*). Cette étape renforce l'authenticité de vos envois.

3. **Ne pas utiliser d'adresses génériques :** Évitez d'envoyer des e-mails depuis une adresse personnelle comme *@gmail.com ou *@yahoo.com. Ces adresses sont interdites pour les campagnes professionnelles.

4. **Respecter le taux de spam :** Gmail impose un taux de spam inférieur à 0,3 %. Cela signifie qu'une mauvaise gestion de vos destinataires peut rapidement affecter votre réputation et votre délivrabilité.

Si vous utilisez une plateforme d'envoi dédiée, il y a de fortes chances que celui vous propose l'ajustement de ces paramètres. Suivez-les à la lettre et faites-vous aider si cela devient trop technique pour vous.

RÈGLES SUPPLÉMENTAIRES POUR LES ENVOIS MASSIFS

Si vous envoyez plus de 5 000 e-mails par jour, vous êtes considéré comme un expéditeur en masse et soumis à des exigences supplémentaires. Parmi elles :

- **Authentification DMARC :** Configurez le protocole DMARC pour renforcer la cohérence entre vos domaines DKIM/SPF et vos envois.

- **Cohérence du domaine :** Alignez le domaine d'envoi avec celui utilisé pour l'authentification afin d'assurer une meilleure légitimité.

Ces configurations techniques ne sont pas seulement des obligations, mais aussi des pratiques reconnues pour leur efficacité. Une mauvaise configuration de l'authentification DKIM/SPF ou un non-respect des règles peut entraîner une dégradation importante de votre délivrabilité, vos e-mails risquant d'être directement classés comme spam, voire rejetés.

Et même si vous envoyez moins de 5 000 e-mails par jour, je vous invite fortement à effectuer ces paramétrages.

LES BONNES PRATIQUES POUR ÉVITER LE SPAM

En plus des configurations techniques, certaines pratiques permettent d'optimiser la délivrabilité et d'améliorer l'expérience utilisateur :

- **Envoyez des e-mails uniquement aux personnes ayant donné leur consentement explicite.** Bannissez les cases pré-cochées et respectez la fréquence d'envoi convenue avec vos abonnés.

- **Ne réutilisez pas de vieilles listes de contacts ou n'achetez pas de bases de données.** Ces pratiques augmentent considérablement le risque d'envoyer des e-mails indésirables.

- **Faites le ménage dans votre base.** Supprimez régulièrement les contacts inactifs pour maintenir une liste saine.

- **Utilisez un logiciel de gestion d'e-mails performant.** Des outils comme *EcoSend*[10] ou *MailerLite*[11] peuvent vous aider à respecter ces normes tout en optimisant vos campagnes.

---

[10] https://ecosend.io/
[11] https://www.mailerlite.com/

CONCLUSION

Ces exigences, mises en avant par *Gmail* et *Yahoo*, reflètent une tendance globale. D'autres fournisseurs, comme *Hotmail* ou *Orange*, devraient bientôt adopter des règles similaires. Adopter ces bonnes pratiques dès maintenant vous permet non seulement d'optimiser vos campagnes, mais aussi de construire une stratégie pérenne, respectueuse de vos abonnés et de leur expérience.

SEGMENTATION ET ENVOIS INTELLIGENTS

La puissance d'une stratégie bien ciblée

Envoyer une newsletter n'est pas seulement une question de quantité, mais surtout de qualité. Trop souvent, les campagnes massives visent des audiences larges, sans prendre en compte les besoins ou intérêts spécifiques des destinataires. Le résultat ? Une saturation des boîtes mail, des e-mails ignorés ou supprimés, et des ressources gaspillées.

La segmentation et les envois intelligents sont des leviers essentiels pour résoudre ces problèmes. En adaptant vos messages aux attentes de vos abonnés et en optimisant la fréquence de vos campagnes, vous améliorez leur impact tout en réduisant leur empreinte écologique. Ce chapitre explore les stratégies et outils pour segmenter efficacement votre audience et envoyer des newsletters pertinentes, ciblées et respectueuses de l'environnement.

QU'EST-CE QUE LA SEGMENTATION ?

La segmentation consiste à diviser votre base d'abonnés en groupes spécifiques selon des critères pertinents, tels que leurs comportements, intérêts ou caractéristiques démographiques. Contrairement aux campagnes de masse, qui traitent tous les destinataires de la même manière, les campagnes segmentées s'adressent à des sous-groupes avec des contenus adaptés à leurs besoins.

Avantages clés :

- Réduction des envois inutiles : seuls les abonnés concernés reçoivent un e-mail.

- Meilleurs taux d'ouverture et d'engagement : les messages sont plus pertinents.

- Impact environnemental réduit : moins d'e-mails envoyés signifie moins de ressources consommées.

Exemple pratique : Une boutique de livres en ligne segmente ses abonnés selon leurs genres préférés (romans policiers, science-fiction, développement personnel). Plutôt que d'envoyer une promotion générale à 100 000 abonnés, elle envoie trois campagnes spécifiques à 30 000 abonnés chacun, augmentant ainsi le taux de clics de 40 %.

MÉTHODES SIMPLES DE SEGMENTATION

La segmentation peut être simple ou sophistiquée, selon la richesse des données collectées et vos objectifs. Voici les principales approches :

SEGMENTATION PAR COMPORTEMENT

Cette méthode repose sur les actions de vos abonnés, telles que :

- Les e-mails ouverts ou non ouverts.

- Les clics sur des liens spécifiques.

- Les achats ou interactions sur votre site web.

Exemple : Une plateforme de streaming envoie une newsletter différente selon que l'utilisateur regarde principalement des séries, des films ou des documentaires.

SEGMENTATION DÉMOGRAPHIQUE

En fonction de l'âge, du genre, de la localisation ou d'autres caractéristiques. Cela permet de mieux cibler vos messages, surtout pour les campagnes géolocalisées.

Exemple : Une marque de vêtements utilise la localisation pour promouvoir ses boutiques physiques dans une région spécifique.

SEGMENTATION PAR CENTRES D'INTÉRÊT

Demandez directement à vos abonnés leurs préférences via un formulaire d'inscription ou une enquête.

Exemple : Une marque de sport propose à ses abonnés de choisir leurs sports favoris (course à pied, cyclisme, yoga). Chaque segment reçoit ensuite des newsletters spécifiques.

SEGMENTATION PAR NIVEAU D'ENGAGEMENT

Identifiez vos abonnés actifs, modérément actifs ou inactifs pour adapter vos stratégies :

- Les actifs reçoivent des offres exclusives.

- Les inactifs reçoivent des campagnes de réactivation.

OPTIMISER LA FRÉQUENCE DES ENVOIS

La fréquence idéale d'envoi varie selon l'audience et le type de contenu. Trop fréquents, les e-mails fatiguent vos abonnés ; trop rares, ils risquent de les oublier :

Conseils pour ajuster la fréquence :

- Testez différentes fréquences (hebdomadaire, bimensuelle, mensuelle) et analysez les taux d'ouverture et de clics.

- Proposez aux abonnés de choisir eux-mêmes la fréquence via un centre de préférences.

- Adaptez la fréquence à chaque segment : une entreprise technologique pourrait envoyer des e-mails hebdomadaires à ses bêta-testeurs et mensuels à ses clients occasionnels.

Exemple : Une association caritative découvre que ses abonnés préfèrent une newsletter trimestrielle, plus riche en contenu, à des envois mensuels qu'ils finissent par ne pas lire, voire ne pas ouvrir.

NETTOYER ET MAINTENIR UNE LISTE SAINE

Une base de données non entretenue peut rapidement devenir un gouffre de ressources. Des courriels envoyés à des adresses obsolètes ou à des abonnés inactifs non seulement augmentent votre empreinte écologique, mais peuvent également affecter votre réputation de délivrabilité.

Pour éviter cela :

- Faites un tri régulier : Identifiez et supprimez les adresses inactives. Par exemple, après 6 mois d'inactivité (aucun clic ou ouverture), envoyez un dernier courriel pour vérifier l'intérêt du destinataire avant de l'archiver.

- Encouragez les désabonnements volontaires et proposez à vos abonnés de choisir eux-mêmes la fréquence de réception. Cela peut sembler contre-intuitif, mais il vaut mieux avoir une liste plus petite et active qu'une grande liste inactive. De plus, c'est une loi européenne comme vu au chapitre concernant le RGPD.

AUTOMATISATION
POUR DES ENVOIS INTELLIGENTS

Les outils d'automatisation permettent de cibler vos envois en fonction de critères précis, sans effort manuel constant. Par exemple :

- **Courriels déclencheurs** : Envoyez un courriel de bienvenue présentant vos services ou valeurs, automatiquement après une inscription ou un achat.

- **Campagnes anniversaires** : Proposez une réduction ou un message spécial pour les abonnés à l'occasion de leur anniversaire.

- **Campagnes événementielles** : Rappels automatiques pour des inscriptions à un événement ou un webinar.

- **Relances intelligentes** : Envoyez une relance simplifiée uniquement aux destinataires n'ayant pas ouvert le premier courriel, au lieu de répéter l'envoi à toute la liste.

Ces techniques, en plus d'être efficaces, évitent les envois inutiles, réduisant ainsi la consommation énergétique globale.

Pour mettre en place ces automatisations, *MailerLite*, *EcoSend*, ou *ActiveCampaign* utilisent le principe des *workflows*.

ÉTUDE DE CAS :
UNE CAMPAGNE SEGMENTÉE RÉUSSIE

Une entreprise de vente en ligne envoyait la même newsletter promotionnelle à toute sa base de 100 000 abonnés, entraînant un faible taux d'ouverture (15 %) et des plaintes d'abonnés.

Stratégie mise en place :

- Création de segments basés sur les catégories de produits consultés (électronique, maison, vêtements).

- Automatisation des envois pour cibler les abonnés selon leur historique d'achat.

- Proposition d'un choix de fréquence dans le formulaire d'inscription.

Résultats obtenus :

- Réduction de 20 % du volume d'e-mails envoyés.

- Augmentation du taux d'ouverture à 28 % et du taux de clics à 15 %.

- Une meilleure perception des newsletters, jugées plus pertinentes par les abonnés.

RÉDUIRE LES DÉSABONNEMENTS GRÂCE À DES CAMPAGNES CIBLÉES

Une segmentation efficace réduit naturellement les désabonnements, mais certains abonnés quitteront toujours votre liste. Pour minimiser ce phénomène, anticipez leurs besoins.

Stratégies pour réduire les désabonnements :

- Intégrez une option "*Mettre en pause les e-mails*" pour les abonnés temporairement saturés.

- Offrez un questionnaire rapide lors du désabonnement pour comprendre les raisons et ajuster vos campagnes.

Exemple pratique : Un site de voyages propose une option "*Pause des notifications pendant 3 mois*". En effet, on est en droit de ne plus être intéressé par un voyage, une fois qu'on en a réservé un. Résultat : 30 % des abonnés hésitant à se désabonner choisissent cette solution.

CONCLUSION

Segmenter votre audience et envoyer vos newsletters de manière intelligente n'est pas seulement une démarche marketing : c'est un levier stratégique pour améliorer vos performances tout en réduisant votre empreinte écologique. Chaque campagne ciblée limite les ressources consommées, renforce la pertinence de vos messages et bâtit une relation de confiance avec vos abonnés.

UTILISER DES OUTILS ET SERVICES ÉCO-RESPONSABLES

L'efficacité d'une stratégie de newsletters ne dépend pas uniquement de son contenu ou de sa fréquence. Les outils et services que vous choisissez jouent un rôle clé dans l'impact écologique de vos campagnes. Les plateformes d'envoi traditionnelles, souvent axées sur les performances à tout prix, peuvent mobiliser des infrastructures énergivores et négliger leur empreinte carbone. À l'inverse, les services éco-responsables proposent des solutions innovantes pour réduire l'impact environnemental tout en maintenant des performances optimales.

Ce chapitre explore les critères essentiels pour choisir des outils adaptés, les plateformes les plus respectueuses de l'environnement, et les bonnes pratiques pour intégrer une approche durable à vos campagnes.

IDENTIFIER DES PLATEFORMES D'ENVOI ÉCO-RESPONSABLES

Chaque e-mail envoyé mobilise une chaîne complexe d'infrastructures : serveurs, réseaux et appareils de destination. Ces infrastructures consomment de l'énergie, dont une grande partie provient encore de sources fossiles.

POURQUOI OPTER POUR DES OUTILS ÉCO-RESPONSABLES ?

- **Une réduction de l'empreinte carbone :** Les plateformes durables s'appuient sur des serveurs alimentés par des énergies renouvelables ou optimisés pour consommer moins d'énergie.

- **Une gestion optimisée des campagnes :** Moins de ressources utilisées pour des envois inutiles, grâce à des options de ciblage et d'automatisation intelligentes.

- **Un positionnement éthique :** En communiquant sur vos choix d'outils durables, vous valorisez votre engagement auprès de votre audience.

CRITÈRES POUR ÉVALUER LES OUTILS ÉCO-RESPONSABLES

Lorsque vous choisissez une plateforme pour gérer vos newsletters, voici les principaux aspects à considérer :

Consommation énergétique et sources d'énergie

Privilégiez les plateformes qui utilisent des serveurs alimentés par des énergies renouvelables. Certaines entreprises, comme *EcoSend*[12], communiquent ouvertement sur leurs infrastructures, ce qui peut guider votre choix.

Optimisation technique

Les plateformes durables optimisent leurs processus pour réduire la charge des serveurs, comme :

- Des compressions automatiques des fichiers envoyés.

- Des options pour minimiser les trackers ou collecter des données de manière responsable.

Conformité au RGPD (ou équivalent)

Un outil éco-responsable doit également respecter les réglementations sur la protection des données. Assurez-vous que la plateforme choisie offre des options transparentes pour gérer les consentements et les préférences des abonnés.

Fonctionnalités clés

Recherchez des fonctionnalités adaptées à vos besoins :

- Automatisation intelligente.

- Personnalisation avancée.

- Suivi des performances sans excès de trackers énergivores.

---

[12] https://ecosend.io/

COMPARATIF DE PLATEFORMES ADAPTÉES

Voici une sélection de plateformes qui répondent aux critères d'éco-responsabilité et d'efficacité :

MailerLite[13] : Connue pour son interface légère, cette plateforme est optimisée pour réduire l'usage des ressources.

EcoSend[14] : Spécifiquement conçue pour limiter l'empreinte carbone, elle propose une compensation des émissions générées par vos campagnes.

Brevo[15] : Bien qu'alimentée par des énergies mixtes, elle s'efforce d'optimiser la performance énergétique de ses serveurs.

---

[13] https://www.mailerlite.com/
[14] https://ecosend.io/
[15] https://www.brevo.com/fr/

LES OUTILS COMPLÉMENTAIRES POUR UNE STRATÉGIE ÉCO-RESPONSABLE

Outre les plateformes d'envoi, d'autres outils peuvent vous aider à limiter votre empreinte :

- **Outils d'optimisation d'images** : *TinyPNG*[16], *Squoosh*[17] ou *ImageOptim*[18] permettent de réduire la taille des visuels sans compromettre leur qualité.
- **Analyseurs de poids de courriels** : Des services comme *Litmus*[19] ou *Email on Acid*[20] permettent de tester le poids de vos courriels avant leur envoi.
- **Calculateurs d'impact environnemental** : Des outils comme *EcoAct*[21] ou *Carbon Calculator*[22] peuvent estimer l'empreinte carbone de vos campagnes.

---

[16] https://tinypng.com/
[17] https://squoosh.app/
[18] https://imageoptim.com/fr
[19] https://www.litmus.com/
[20] https://www.emailonacid.com/
[21] https://eco-act.com/fr/
[22] https://www.websitecarbon.com/

ÉTUDE DE CAS : RÉDUCTION DE L'IMPACT AVEC UN OUTIL OPTIMISÉ

Une entreprise de e-learning envoyait régulièrement des newsletters à 50.000 abonnés via une plateforme classique. En migrant vers un service comme *EcoSend* et en optimisant ses visuels, elle a observé :

- Une réduction de presque 40 % de son empreinte carbone.
- Une augmentation de 15 % de son taux d'ouverture, grâce à des temps de chargement plus rapides.
- Une économie annuelle sur ses coûts d'hébergement, liée à l'optimisation du poids des fichiers et un nombre d'envois d'e-mails plus faible.

CONCLUSION

Le choix d'outils et de services éco-responsables est une étape incontournable pour toute stratégie de newsletters durables. En adoptant des plateformes optimisées et en intégrant des outils complémentaires, vous réduisez non seulement votre impact environnemental, mais vous gagnez également en efficacité et en crédibilité auprès de votre audience. La transition vers des solutions plus durables n'est pas seulement un choix technique, mais une démarche stratégique en faveur d'un numérique responsable.

SUIVRE ET REDUIRE
SON IMPACT AU FIL DU TEMPS

Une campagne de newsletters éco-responsables ne s'arrête pas une fois les e-mails envoyés. L'un des principes fondamentaux du développement durable est l'amélioration continue. Pour appliquer cette philosophie à vos campagnes, il est essentiel de mesurer régulièrement leur impact, d'identifier les axes d'optimisation, et de mettre en place des ajustements concrets.

Suivre l'impact de vos newsletters ne se limite pas à leurs performances marketing habituelles (taux d'ouverture, clics, etc.). Cela inclut aussi une analyse approfondie de leur empreinte écologique et de la manière dont vous pouvez la réduire, tout en maintenant ou en améliorant l'engagement de votre audience.

COMPRENDRE LES INDICATEURS D'IMPACT ENVIRONNEMENTAL

Pour évaluer l'impact de vos campagnes de newsletters, il est essentiel d'aller au-delà des indicateurs marketing classiques et d'intégrer des métriques environnementales.

LES PRINCIPAUX INDICATEURS ÉCOLOGIQUES

Voici les indicateurs clés à suivre :

- **Poids moyen des e-mails envoyés :** Un e-mail plus léger nécessite moins d'énergie pour être stocké et transmis.

- **Volume total d'e-mails envoyés :** Une réduction du nombre d'e-mails superflus diminue directement les ressources consommées.

- **Empreinte carbone par e-mail :** Certains outils permettent de calculer approximativement la quantité de CO_2 émise par chaque envoi.

- **Taux de rétention des abonnés :** Réduire les désabonnements limite les envois inutiles et maximise l'efficacité des campagnes.

LIEN AVEC LES PERFORMANCES MARKETING

Ces indicateurs écologiques s'intègrent naturellement aux métriques marketing :

- Un poids d'e-mail optimisé améliore les temps de chargement et donc l'expérience utilisateur.

- Une segmentation précise réduit les envois massifs et améliore les taux d'ouverture.

- Des campagnes mieux ciblées fidélisent les abonnés et augmentent leur engagement.

Exemple pratique : Une entreprise de vente en ligne a réduit le poids moyen de ses newsletters de 40 %, diminuant ainsi ses émissions globales de CO_2 tout en augmentant son taux d'ouverture de 20 %, grâce à un chargement plus rapide des e-mails sur mobile.

OUTILS POUR MESURER ET ANALYSER VOTRE IMPACT

Plusieurs outils et ressources peuvent vous aider à suivre l'impact environnemental de vos newsletters :

OUTILS DE MESURE ÉCOLOGIQUE

- **Website Carbon Calculator**[23] **:** Bien que conçu pour les sites web, il peut être adapté pour estimer l'impact énergétique des e-mails.

- **Carbon Analytics intégrés :** Certaines plateformes d'envoi (comme *EcoSend*[24]) incluent des options pour calculer l'empreinte carbone des campagnes.

- **Outils internes :** Créez un tableau de suivi personnalisé pour analyser le poids moyen des fichiers envoyés et le volume total des e-mails.

TESTS DE COMPATIBILITÉ ET D'OPTIMISATION

Des services comme *Litmus*[25] ou *Email on Acid*[26] permettent de tester vos e-mails sur différents appareils et clients de messagerie. Ces tests ne concernent pas seulement

---

[23] https://www.websitecarbon.com/
[24] https://ecosend.io/
[25] https://www.litmus.com/
[26] https://www.emailonacid.com/

l'expérience utilisateur, mais peuvent aussi identifier des éléments inutiles qui alourdissent vos campagnes.

INTÉGRER UNE DÉMARCHE D'AMÉLIORATION CONTINUE

Une fois vos indicateurs définis et vos outils en place, il est essentiel d'adopter une approche proactive pour réduire continuellement votre impact. Voici quelques pratiques concrètes :

- **Audits réguliers :** Analysez périodiquement vos campagnes pour détecter les points à améliorer. Par exemple, identifiez les images les plus lourdes ou les trackers inutiles.

- **A/B testing écologique :** Testez différentes versions de vos courriels pour trouver la combinaison la plus légère et efficace. Par exemple, comparez un courriel avec une bannière visuelle et un autre avec un design plus épuré.

- **Formation des équipes :** Sensibilisez vos collaborateurs aux enjeux environnementaux et formez-les à utiliser des pratiques et outils responsables.

Un cas inspirant : une ONG qui envoyait des newsletters hebdomadaires a réduit leur fréquence à deux fois par mois après avoir constaté que cela diminuait les émissions globales tout en augmentant le taux d'ouverture.

VALORISER VOS EFFORTS AUPRÈS DE VOTRE AUDIENCE

Une communication transparente sur vos initiatives éco-responsables peut renforcer votre relation avec vos abonnés et inspirer d'autres à suivre votre exemple. Voici comment :

- **Partagez vos résultats :** Par exemple, *"Grâce à vos retours, nous avons optimisé nos newsletters, réduisant leur impact carbone de 25%."*

- **Incluez des engagements dans vos courriels :** Ajoutez une petite mention en bas de vos courriels : *"Cette newsletter a été conçue avec une démarche éco-responsable."*

- **Encouragez l'implication de vos abonnés :** Proposez-leur de choisir la fréquence ou le type de contenu qu'ils préfèrent recevoir, pour éviter les envois inutiles.

- **Chaque geste compte :** Proposez de supprimer l'email une fois lu avec une mention en bas de page du type : *« Eco-geste : Vous m'avez lu ? Supprimez-moi. »*

CONCLUSION

Suivre et réduire l'impact de vos campagnes de newsletters est une démarche qui allie performance, responsabilité et innovation. En mesurant les bons indicateurs, en adoptant des outils adaptés, et en mettant en place une stratégie d'amélioration continue, vous transformez vos newsletters en un levier durable et performant. Chaque petit ajustement contribue à un numérique plus respectueux et aligné avec les attentes des utilisateurs et de la planète.

STRATEGIES ALTERNATIVES ET COMPLEMENTAIRES

Pourquoi explorer des alternatives ?

Les newsletters sont un canal puissant, mais elles ne sont pas toujours la solution idéale, surtout lorsqu'on cherche à minimiser leur impact environnemental. Certaines stratégies alternatives ou complémentaires peuvent être plus adaptées pour atteindre vos objectifs, tout en respectant les principes d'éco-responsabilité. Que ce soit via des SMS, des messageries instantanées ou des canaux digitaux non intrusifs, diversifier vos approches peut réduire la dépendance aux courriels et limiter les ressources consommées.

Par exemple, une entreprise locale qui organise un événement peut préférer une campagne SMS ciblée pour éviter l'envoi d'une newsletter à toute sa base.

LE SMS : UNE ALTERNATIVE LÉGÈRE ET DIRECTE

Le SMS est l'un des moyens de communication les plus sobres en termes de ressources numériques. Avec un poids moyen de 0,014g de CO_2 par message, il consomme nettement moins qu'un courriel contenant des visuels ou des trackers. En plus de son impact réduit, le SMS offre un taux d'ouverture impressionnant, souvent supérieur à 90 % dans les 3 minutes suivant l'envoi.

Quand privilégier le SMS ?

- Pour des messages urgents ou courts, comme une confirmation d'événement ou une promotion à durée limitée.

- Pour des campagnes ciblées où chaque message a un objectif précis.

Exemple pratique : Une association caritative envoie un rappel par SMS à ses donateurs avant une collecte, plutôt que de diffuser un courriel généraliste. Résultat : un taux de participation accru et des ressources économisées.

LES MESSAGERIES INSTANTANÉES : WHATSAPP, TELEGRAM ET AUTRES

Les applications de messagerie, comme *WhatsApp*, *Telegram* ou *Signal*, offrent une alternative moderne et souvent plus engageante aux newsletters traditionnelles. Bien configurées, elles permettent de partager des informations rapidement et de manière interactive, tout en réduisant la dépendance aux courriels.

Avantages :

- Un impact environnemental limité, surtout pour les messages textuels ou accompagnés de fichiers légers.

- Une communication plus personnelle, avec la possibilité de répondre directement aux destinataires.

- Une segmentation naturelle grâce aux groupes ou aux listes de diffusion.

Exemple pratique : Une boutique artisanale crée un groupe WhatsApp pour ses clients fidèles, où elle partage ses nouveautés et promotions. Ce canal remplace les newsletters mensuelles et crée un sentiment de proximité. De plus, cette pratique permet la création de discussion et d'échanges entre les membres du groupe, favorisant ainsi l'appartenance à la marque.

LE CONTENU SUR SITE : UNE ALTERNATIVE PASSIVE MAIS EFFICACE

Plutôt que d'envoyer systématiquement des courriels, certaines informations peuvent être centralisées sur votre site web. Les visiteurs peuvent consulter ce contenu lorsqu'ils le souhaitent, sans avoir besoin d'un rappel constant.

Comment cela fonctionne ?

- Mettez en place un blog ou une page dédiée aux actualités de votre entreprise.

- Proposez des flux RSS pour permettre aux utilisateurs de suivre vos mises à jour sans recevoir de courriel.

- Encouragez les visiteurs à enregistrer votre site dans leurs favoris pour des consultations régulières.

Exemple pratique : Une école de langues publie chaque semaine des ressources gratuites sur son site, comme des vidéos ou des exercices. Elle remplace ses newsletters hebdomadaires par un courriel mensuel résumant les nouveautés.

RÉSEAUX SOCIAUX : INFORMER SANS ENVAHIR

Les plateformes sociales comme *Facebook*, *Instagram* ou *LinkedIn* sont idéales pour partager des informations à une large audience, sans les contraintes énergétiques associées aux courriels. Bien utilisées, elles permettent de maintenir une présence régulière auprès de vos abonnés.

Conseils pour une stratégie responsable :

- Réduisez le volume de publications en privilégiant la qualité et la pertinence.

- Favorisez les contenus courts et légers, comme des infographies ou des publications textuelles.

- Intégrez des appels à l'action clairs pour diriger les utilisateurs vers vos services ou événements.

Exemple pratique : Un club de sport local utilise Instagram pour annoncer ses événements à venir et publier des photos de ses activités, réduisant ainsi le besoin d'envoyer des courriels réguliers.

ÉTUDE DE CAS : DIVERSIFIER LES CANAUX POUR RÉDUIRE L'IMPACT

Une entreprise spécialisée dans les produits locaux utilisait exclusivement les newsletters pour informer ses clients des nouvelles offres. Après avoir adopté une stratégie multicanal incluant :

- Des rappels par SMS pour les promotions flash,

- Une communication via WhatsApp pour ses clients VIP,

- Une page dédiée sur son site mise à jour chaque semaine.

Elle a réduit ses envois de 40% tout en augmentant son engagement global de 25%. Les clients ont apprécié la diversité des canaux, chacun pouvant choisir celui qui lui convenait le mieux.

CONCLUSION

Explorer des alternatives ou des stratégies complémentaires aux newsletters ne signifie pas les abandonner, mais les intégrer dans une approche plus globale et responsable. Chaque canal présente des avantages spécifiques qui, bien exploités, permettent de maintenir une communication efficace tout en réduisant l'impact environnemental. La clé réside dans la flexibilité et la personnalisation : donner à votre audience le choix du canal et de la fréquence pour une expérience optimisée et durable.

ÉTUDES DE CAS ET EXEMPLES INSPIRANTS

Théories et concepts prennent tout leur sens lorsqu'ils sont illustrés par des exemples concrets. Ce chapitre présente des études de cas de campagnes de newsletters éco-responsables réussies. Ces exemples, issus de différents secteurs, montrent comment des entreprises et des organisations ont réduit leur impact environnemental tout en améliorant leurs résultats.

UNE BOUTIQUE EN LIGNE DE VÊTEMENTS ÉTHIQUES

Problème initial : La boutique envoyait des newsletters bi-hebdomadaires à toute sa base de 80.000 abonnés. Ces courriels incluaient de nombreuses images haute résolution, des animations GIF, et un contenu peu personnalisé, avec un taux d'ouverture inférieur à 20%.

Stratégie mise en place :

- **Optimisation des visuels :** Remplacement des GIFs par des infographies statiques et compression des images.

- **Segmentation :** Création de groupes d'abonnés selon leurs préférences (vêtements pour femmes, hommes, enfants).

- **Fréquence réduite :** Passage à un envoi mensuel pour chaque segment.

Résultats obtenus :

- Réduction de 50% de l'empreinte carbone des courriels.

- Augmentation du taux d'ouverture à 35%.

- Feedbacks positifs des abonnés, qui ont trouvé les contenus plus pertinents et moins envahissants.

UNE ONG DE PROTECTION DE LA NATURE

Problème initial : L'ONG envoyait une newsletter mensuelle avec un contenu générique sur ses campagnes et initiatives. Ses membres trouvaient ces courriels peu engageants, et le taux de clics était faible.

Stratégie mise en place :

- **Contenu ciblé :** Création de trois versions adaptées aux centres d'intérêt des abonnés : biodiversité, océan, forêt.

- **Ajout d'un choix pour les abonnés :** Proposition aux destinataires de choisir la fréquence des courriels (mensuelle ou trimestrielle).

- **Communication transparente :** Inclusion d'un encart expliquant les efforts de l'ONG pour réduire son impact numérique.

Résultats obtenus :

- Une réduction de 30% du volume total de courriels envoyés.

- Un engagement accru, avec un taux de clics multiplié par deux.

- De nombreux retours positifs sur la transparence écologique.

UNE START-UP DANS LA TECH

Problème initial : La start-up envoyait des newsletters heb-domadaires riches en contenu technique, mais elles étaient souvent ignorées par ses abonnés. Le poids moyen des courriels dépassait 1 Mo, et les relances automatiques n'étaient pas optimisées.

Stratégie mise en place :

- **Réduction du poids des courriels :** Passage à des mises en page épurées, avec des textes concis et des liens vers des articles sur leur blog.

- **Automatisation intelligente :** Relances uniquement pour les destinataires n'ayant pas ouvert les courriels initiaux.

- **Utilisation d'un outil éco-responsable :** Migration vers une plateforme utilisant des serveurs alimentés par des énergies renouvelables.

Résultats obtenus :

- Réduction de 40% des ressources nécessaires pour chaque campagne.

- Amélioration du taux d'ouverture de 15%.

- Une meilleure image auprès des abonnés, qui ont apprécié le format plus léger et engageant.

UNE ÉCOLE DE YOGA LOCALE

Problème initial : L'école envoyait des newsletters hebdomadaires contenant l'agenda des cours, mais les abonnés trouvaient ce contenu répétitif. De plus, le taux d'ouverture des courriels était en baisse constante.

Stratégie mise en place :

- **Diversification des canaux :** Passage à une communication via *WhatsApp* pour les rappels de cours, tout en conservant une newsletter mensuelle pour les actualités principales.

- **Création de contenu interactif :** Ajout d'un lien vers des vidéos de méditation légères hébergées sur leur site.

- **Design minimaliste :** Utilisation d'une mise en page monochrome avec un texte succinct.

Résultats obtenus :

- Réduction du volume de courriels de 60%.

- Un taux d'ouverture stable à 45% pour la newsletter mensuelle.

- Des retours très positifs sur l'expérience plus personnalisée et conviviale.

UNE MARQUE DE PRODUITS ALIMENTAIRES BIO

Problème initial : Les newsletters promotionnelles étaient souvent ignorées, car elles ne ciblaient pas les besoins spécifiques des abonnés. Les visuels riches en couleurs et animations alourdissaient chaque campagne.

Stratégie mise en place :

- **Segmentation avancée :** Division des abonnés selon leurs habitudes de consommation (végan, sans gluten, bio local).

- **Contenu plus léger :** Mise en avant de produits avec des images compressées et des descriptions concises.

- **Tests A/B :** Essais pour identifier les formats et fréquences les plus efficaces.

Résultats obtenus :

- Réduction de l'empreinte carbone des courriels de 25%.

- Une hausse de 30% des clics sur les promotions grâce à un ciblage plus pertinent.

- Une fidélité accrue des clients, avec des retours positifs sur la démarche écologique.

CONCLUSION

Ces exemples montrent que chaque entreprise, quelle que soit sa taille ou son secteur, peut adopter des pratiques éco-responsables pour ses campagnes de newsletters. Les résultats parlent d'eux-mêmes : une réduction de l'impact environnemental va souvent de pair avec une meilleure efficacité et un engagement renforcé. S'inspirer de ces initiatives permet non seulement d'optimiser ses propres campagnes, mais aussi de participer à une dynamique plus respectueuse et durable dans la communication numérique.

CONCLUSION :
VERS UNE COMMUNICATION
NUMERIQUE DURABLE

Un engagement nécessaire.

À l'heure où le numérique prend une place centrale dans nos vies, chaque geste compte pour réduire son impact sur l'environnement. Les newsletters, bien qu'invisibles dans leur consommation de ressources, représentent un levier puissant pour conjuguer efficacité marketing et responsabilité écologique.

À travers cet ouvrage, nous avons exploré les pratiques et outils qui permettent de transformer un simple courriel en un vecteur de changement positif.

RÉSUMÉ DES POINTS CLÉS

1. **Alléger les newsletters** : Un design simplifié, des visuels optimisés et un code HTML épuré réduisent le poids des courriels tout en améliorant leur lisibilité.

2. **Cibler intelligemment** : Une segmentation fine et des envois pertinents permettent de limiter les volumes inutiles tout en renforçant l'impact des campagnes.

3. **Choisir des outils adaptés** : Opter pour des plateformes éco-responsables et des outils complémentaires contribue directement à réduire l'empreinte carbone.

4. **Suivre et améliorer l'impact** : Mesurer régulièrement les performances écologiques de vos campagnes permet d'ajuster vos pratiques pour progresser continuellement.

5. **Explorer des alternatives** : Les SMS, les messageries instantanées et les contenus accessibles sur site offrent des solutions légères et souvent plus engageantes.

6. **S'inspirer des réussites** : Les études de cas montrent qu'il est possible de concilier performance marketing et démarche écologique, quel que soit le secteur.

PERSPECTIVES POUR L'AVENIR

L'éco-responsabilité dans la communication numérique n'est pas une mode passagère, mais une nécessité. Les entreprises, associations et particuliers qui s'engagent aujourd'hui dans cette voie contribuent à façonner un avenir où le numérique sera non seulement performant, mais également respectueux des limites de notre planète.

En allant plus loin, on peut imaginer :

- **L'émergence d'outils toujours plus écologiques**, utilisant des infrastructures basées sur des énergies renouvelables à 100%.

- **Des normes universelles pour l'éco-conception des courriels**, permettant de mesurer et de certifier leur empreinte carbone.

- **Une sensibilisation accrue des utilisateurs**, pour qu'ils participent activement à cette transition en choisissant des pratiques numériques responsables.

UN APPEL À L'ACTION

À travers vos choix de conception, vos outils, et votre stratégie, vous avez le pouvoir d'agir pour un numérique durable. Chaque newsletter éco-responsable envoyée est un pas de plus vers un modèle de communication respectueux et aligné avec les enjeux environnementaux.

Alors, à vous de jouer. Transformez vos newsletters en véritables leviers de changement, pour aujourd'hui et pour demain.

Car, finalement, chaque geste compte.

TABLE DES MATIÈRES

STRATÉGIES ALTERNATIVES
ET COMPLÉMENTAIRES 70

ÉTUDES DE CAS ET EXEMPLES INSPIRANTS 77

CONCLUSION : VERS UNE COMMUNICATION
NUMÉRIQUE DURABLE 85